PAGÈS (DU TARN)

Paris. Impr. de Moquet, 92, rue de la Harpe.

UN CONTEMPORAIN

BIOGRAPHIE

DE PAGÈS (du Tarn)

PAR

ANTONY DE MENOU

AVEC UN PORTRAIT

PARIS

LIBRAIRIE MASGANA

12, Galerie de l'Odéon

1857

I.

En te présentant, cher public, une de nos *curiosités* contemporaines, je ne saurais omettre les trois saluts de rigueur. (*Saluez, Pagès (du Tarn) — pose d'Esther devant Assuérus.*)

Avertisseur, frappe.

— Je te disais donc, cher public (*Pagès (du Tarn) relevez-vous !*)...—Mais j'y songe, j'ai oublié... — Bah ! il est encore temps.

———

« Eh bien, il y a de ces orthographes, et de ces syntaxes, dont je me soucie au fond comme d'un fétu. Les *maîtres d'école*, les *percepteurs ruraux* et les *directrices de postes* — élevées à St-Denis — ne *tomberaient pas dans mes errements grammaticaux.* — Bien feraient-ils ! — Quant à

moi, le temps me manque pour habiller ma phrase selon la
mode de Noël et Chapsal. . . . .
— J'écris *pour dire ce que je pense*, et non pour faire suite
aux *morceaux choisis.* »

(Charles BATAILLE.)

« Que les jeunes gens se laissent donc aller — jusqu'à
trente ans, au courant de leurs impressions; qu'ils ne
craignent pas de pousser trop loin l'expression de leur
blâme ou de leur *louange* . . . . — Il est toujours
temps d'être sage; il n'est pas toujours temps d'être fort. »

(Charles MONSELET.)

« Que les jeunes gens nous crient donc la vérité dans
leurs premières pages! que leurs paroles n'aient pas peur!
que cet âge soit sans pitié enfin ! »

(Charles MONSELET.)

Es-tu content, petit public?— Oui, n'est-
ce pas ?— Eh bien ! si tu me promets d'être
bien sage, de ne pas faire dodo avant la fin,
je vais t'ouvrir ma petite boîte à surprise :

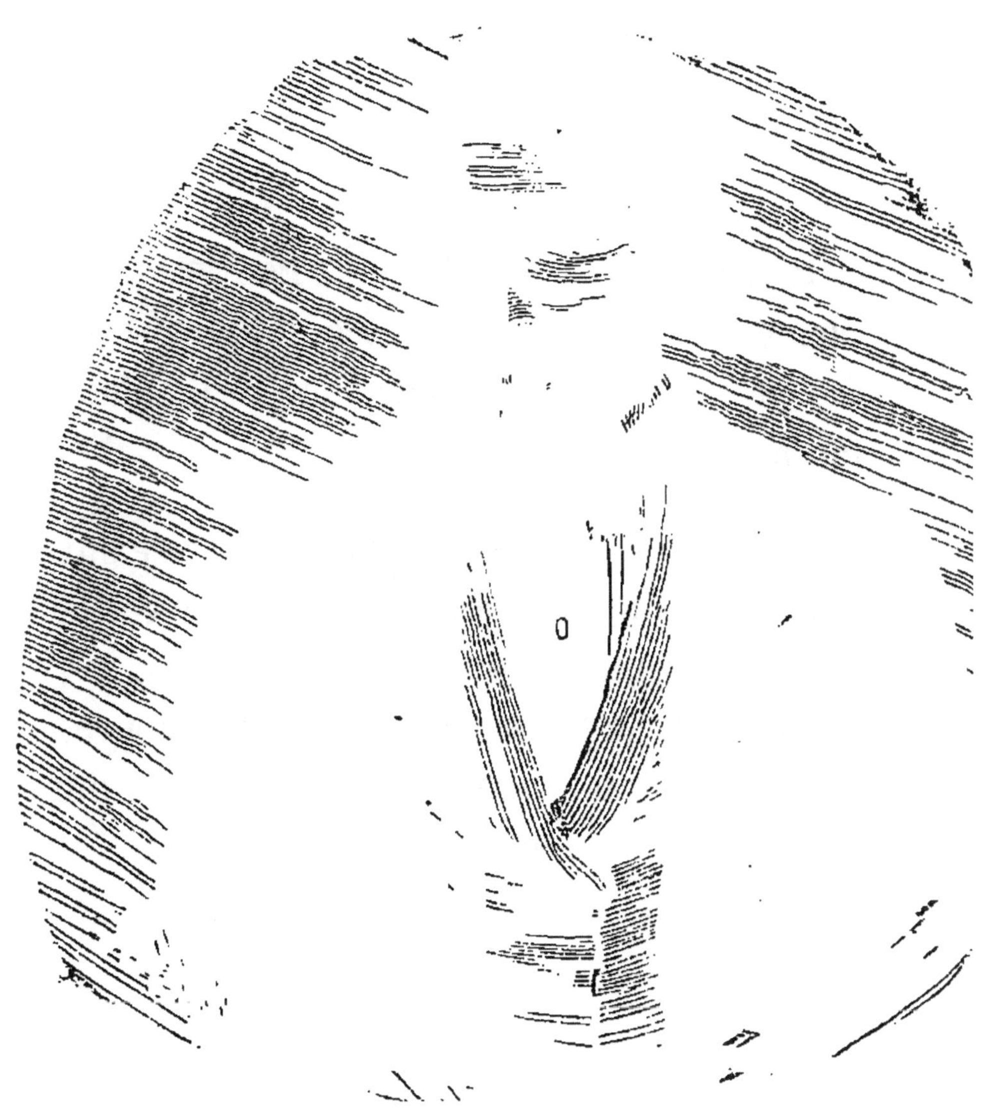

PAGÉS (DU TARN).

Jeune homme d'avenir, pour qui la Muse antique
N'a pas de corps secret sous sa blanche tunique....

Certifié conforme au reste

PAGES (DU TARN), — ce nom réveille bien des souvenirs tragi coco-miques, bien des prosopopées ! *ripopées,* comme dit l'autocrate *Merlan-Figaro.*

On a longtemps et beaucoup *jacassé* sur l'auteur de la *Nouvelle Phèdre;* — la vérité est-elle connue ? — Non ! mille fois non ! — C'est la vérité *nue* que je vais te présenter, ô public, *nue,* — mais *nue* « comme le discours d'un académicien. »

II.

Le Tarn n'avait pas suspendu son cours impétueux ! Nulle pythonisse n'avait agité son trépied!. Nulle abeille n'avait bourdonné ses accents apicéens ! — et cependant il y a quelques lustres à peine naissait aux environs d'Alby, le pérempteur du romantisme : Pagès (du Tarn)! le garde national de la tragédie !!...

C'est à Sarnhac (*saluez, Pagès (du Tarn)*, que l'enfant du Tarn reçut le jour — et le baptême. — Ses parents aisés « mais honnêtes, » ouvrirent pour lui le robinet de

l'éducation en le livrant aux bains scholas-
tico-disciplinaires.

Sur son enfance rien de particulier. —
Je *n'enfiellerai* donc pas ma plume à la
façon—*barbari*-Mirecourt-*mon ami*— pour
exhumer ses péchés de jeunesse. — La
chronique du Tarn est muette à cet égard
comme les poissons de M. Coste. — Peu
m'importe du reste, qu'il ait été le Benjamin
de la bonne-maman (*Pagès, une risette*),
enfant de chœur, taquin, dénicheur de
merles, mangeur de raisiné, mauvais cou-
cheur; — je ne suis pas *anecdotier* patenté,
et je n'affirmerai point qu'il n'ait porté des
culottes fendues par derrière.

Le robinet fermé, le jeune Pagès (du
Tarn), (*saluez, Pagès*) sentit tout-à-coup sa
tête se dilater en avant; — c'était la bosse
du vers qui surgissait.

Le fils du Tarn relevant sa moustache—
et ses manches, s'écria : Je serai grand !...
comme la tour de Babel !... Alerte, édi-
teurs !..

Dès lors le jeune pubère tondit une lar-
geur de sa langue — dans les fertiles pa-
cages de la Tragédie. On s'y trouve à l'aise
— dit-on : — tant est-il cependant qu'il
n'y rencontra pas de loups, comme Ma-
zeppa dans la forêt, mais une meute (*ta-
yautez sur meute*) d'écrivains peu accommo-
dants : — un grand diable de *barbier* surtout, nommé Figaro, devançant le galop
de son destrier, lui enfonça dans le haut
des cuisses, sa longue rouillarde. Le jeune
barde du Tarn piqué dans le.....

Et d'un seul coup d'épée lancé d'une main sûre
Il lui fait dans le... lard une large blessure !

(*Toutes les tragédies*).

se retourna d'après le système Bauché, et s'écria d'une voix *poluphlosaboyante* :

MALHEUR A MON PAYS !

Mais n'anticipons pas sur les événements, comme dirait un bourgeois économe.

III.

Le portrait de Pagès? le portrait?... —
Mais tu l'as déjà vu, fortuné lecteur, en
trois coups de crayon, un artiste de beaucoup de talent, Monsieur Balencie, a cro-
qué ce galbe atrocement *réaliste* (1).

Connaissez-vous M. Pagès (du Tarn)?
Oui. — Je vous en félicite.

Et vous? — Non. — Le père d'*Herminie* est visible tous les jours au café Hue,

(1) *Je n'attaque point ici MM. Duranty, Thulié, etc...
qu'ils me pardonnent donc ce néologisme moderne qualifiant
si bien le galbe de M. Pagès.*

non loin de la Sorbonne. — Figure à porter l'abat-jour vert — ou bleu, à son gré;
— tête en poire — d'hiver; — teint olivâtre ou jaunâtre suivant la température;—
front accidenté; — yeux grands et noirs,
pétillants d'intelligence; —regard fatal; —
oreilles *incomprises*; — nez inexcusable,
devant attirer tôt ou tard la colère céleste;
— lèvres plissées à la Méphistophélès; —
menton en suprême de concombre; —
cheveux noir de fumée, vierges de l'artiste
capillaire (*pas encore Figaro*); — barbe
courte, en brosse à habits; — le corps, non
hault en graisse, longue perche, greffée de
deux bras effilés et longs comme une tringle à rideaux, étayée sur deux jambes *Nadaresques*; — quarante et quelques carêmes; — voilà l'auteur d'*Herminie* ou la
Nouvelle Phèdre.

L'austère enfant du Tarn mène une vie

sobre et régulière. Sa fortune, à en juger par l'enveloppe — toujours *réaliste*, ne doit pas faire ombrage à la tabatière d'or de Millaud ; néanmoins M. Pagès paraît se conformer à sa position avec un stoïcisme rare en ces temps de Veau d'or, et qui fait son éloge.

Scandant chaque jour la distance qui le sépare de la rue St.-Victor au café Hue, il passe sa journée à jouer soit au billard soit aux cartes. Pagès est mauvais joueur ; — ah ! ma foi c'est dit, — pour une partie de piquet perdue, il crie avec cet accent que d'aucuns savent.

IV.

En lisant les répliques de Pagès (du Tarn) au *Figaro* je trouve dans celle du 28 juillet 1856, la phrase suivante : « Ce système est l'arme la plus épouvantable qu'on puisse employer contre un homme *solitaire* et nouveau. » — Nouveau, passe encore (*lui, pas le poëme*), mais *solitaire,* -- en êtes-vous bien sûr, ô Pagès (du Tarn) ?

Croyez-vous qu'un mortel (*vous n'êtes pas de l'Académie*) qui comme vous, vient jeter ses racines vivaces dans un Estaminet d'étudiants, dont il est le plus fidèle arc-

boutant, — puisse se dire *solitaire ?* —
Vous feriez là une triste réclame au maître
de cet établissement.

Soyez arc-boutant, si cela vous plait ;
mais de grâce ne vous proclamez plus *solitaire* !

Ce mot a glissé furtivement de ma plume, me direz-vous : — soit ; malheureu-
sement vous paraissez y tenir ; — dans la
lettre du 1er mai 1866, adressée au ministre de l'intérieur, je lis :

« ....Les athlètes qui descendent du dé-
« sert de la *solitude* ! »

Ah ! Ne fatiguez plus cette vaine ficelle !

Je vous le dis amicalement, dans votre
intérêt :

Si vous persistez à vous dire *solitaire*

(*sic*), le moins méchant fredonnera en vous voyant passer ce refrain connu :

> C'est le solitaire
> Qui fait tout,
> Entend tout,
> Qui voit tout,
> Est partout,

Est partout (*allegro*) partout, tout, tout, tout....

V

Vers l'époque où l'on apporta en France les cendres de l'Empereur, M. Pagès, toujours (du Tarn), publia un pyramidal poëme épique sur Napoléon Ier. — Le Tarn tressaillit dans ses entrailles de père, comme jadis le Rhin dans sa barbe d'écume ! — De l'aveu même de l'auteur, le poëme est d'une navrante médiocrité.

Quelque temps après, M. Pagès (du Tarn) accoucha d'une toute petite fille (*souriez, Pagès*) : *l'Éternité du monde*.

Horrible d'athéisme. — Si *jeune* et si perverti !

Pends-toi, brave Voltaire, on a *bavé* sans toi !

Beau (le poëme, pas Pagès) de versification, mais souvent incompréhensible.

Arrivé à Paris, consécration de tout artiste, le complice *incompris* de Ponsard, le pudibond Pagès (du Tarn) caressa comme toujours les épaules lactées de la Muse (*rougissez, Pagès*). — Il nous apprend lui-même qu'avant *Herminie* ou la *Nouvelle Phèdre*, il fut doublement père de deux jumelles, petites tragédies blondes, délicates mièvres, qui l'appelaient : papa. Elles furent, las ! *solennellement* refusées au Théâtre-Français « sans être lues » (*sic*) d'après lui.

A l'instar de feu Saturne, père barbare ! — il allait en déjeuner — seulement, comme de deux œufs à la coque et sans mouillettes, — lorsqu'un réformateur invisible et *impondérable* les précipita dans.... la cheminée, en vue du système de la *crémation.*

Disons-le toutefois avec franchise : je préfère M. Pagès (du Tarn) cultivant son ingrate terre, — à un Pagès quelconque caressant des idées *épiciérophiles*, — Pagès livré à *l'honorabilité* du notariat, suicide intellectuel, asphyxie intellectuelle, castration intellectuelle, — Pagès plumitif dans cette atmosphère annihilante.

Saluons donc un artiste de l'idée, en ces temps de *boursifricotage !*

Tout ceci, cher lecteur n'est que pour te dire que Pagès (du Tarn), à l'instar de l'oiseau du bon Horace, vient de pondre, il y a vingt ans à peine une nouvelle tragédie qu'il couve depuis ce léger laps de

temps — aux yeux de l'Europe attentive :
HERMINIE ou la NOUVELLE PHÈDRE !

Pour que tu sois au courant, lecteur de
plus en plus cher, de tout ce qui s'est passé,
— je remonte au début, et vais te dire
comment s'engagea la polémique avec Figaro.

VI.

Au mois de mai dernier, M. Pagès (du Tarn) répandit une lettre adressée à S E. le ministre de l'intérieur, pour le supplier de lui rendre justice. — Il y expose ses griefs contre le Théâtre-Français, et affirme qu'on a rejeté sa pièce sans même la lire (*sic*).

Cette lettre, qui ne manque pas de bon sens, nous fait déjà connaître l'homme au style théâtral ; — de la prosopopée, toujours de la prosopopée.

« O homme ! (*ô Pagès ! ô mon roi !*) tu

« n'as donc jamais jeté un regard dans
« l'immensité de la nature. »

Vains efforts, cris impuissants, fureur
bizarre! c'était la lutte du pot de terre et
du pot de fer. Dispensez-moi de vous dé-
signer le pot — de terre.

Pagès (du Tarn) avise un autre moyen,
digne des temps antiques.

Il plante son étendard tragique au café
Hue, et s'efforce, mais en vain, d'incendier
l'imagination de quelques étudiants. —
Une seconde édition de la banque Ponsard
au café Tabourey.

Une lettre — mèche fatale! — signée
par sept étudiants *bénévoles* est glissée dans
la boîte du Figaro. La voici :

A monsieur de Villemessant, rédacteur
en chef du Figaro.

« Nous vous adressons et nous prenons la liberté de re-

« commander à votre attention, une lettre qu'un auteur
« nouveau vient d'écrire au Ministre de l'Intérieur, ou plu-
« tôt au public, sur le Théâtre-Français, et sur une tra-
« gédie intitulée : *Herminie, ou la Nouvelle Phèdre.* Il y a
« dans cette lettre de la prose et des vers. La prose nous
« peint l'homme, ce nous semble, et les vers annoncent un
« poëte. La *Nouvelle Phèdre*, qui est en cinq actes, nous a
« été confiée. Nous l'avons lue, nous l'avons relue. L'au-
« teur de la *Nouvelle Phèdre* attache l'esprit, touche le
« cœur, et approfondit d'une manière neuve même après
« Racine, une passion des plus tragiques.

« Ajoutez à cela des vers dont on ne peut s'empêcher
« d'admirer la beauté, et quelquefois le sublime. Tel est
« le sentiment de toutes les personnes qui ont entendu la
« lecture de la *Nouvelle Phèdre.* Du reste, voilà la pièce à
« la disposition de quiconque chercherait à en douter. Cer-
« tainement elle produirait sur la scène un effet plus grand
« encore ; et, quant au titre, il suffirait seul pour attirer la
« foule.

« Pourquoi donc le Théâtre-Français, qui a reçu tant
« de bluettes insignifiantes, et qui en fait de pièces nou-
« velles, n'a rien du tout, a-t-il dédaigné de LIRE la *Nou-*
« *velle Phèdre ?* Pourquoi se refuse-t-il à un succès assuré
« qu'on lui apporte ? Nous attendons sa réponse. »

Nous croyons fort que cette lettre a été

rédigée par Pagès (du Tarn) lui-même.—
Au dernier paragraphe nous reconnaissons
aisément sa prose *morbido* - tragique.

« *Figaro*, nous te ferions injure d'insister davantage.
« Nous sommes tes lecteurs assidus, et nous te connais-
« sons assez pour savoir que tu ne seras pas infidèle à la
« plus belle cause qui puisse s'imprimer devant toi. Dis-
« pose de notre lettre comme tu l'entendras. Nous parlons
« ici en notre nom et au nom de nos camarades, qui s'em-
« presseraient de signer en masse avec nous, s'il en était
« besoin.

« Veuillez bien, Monsieur le rédacteur en chef, agréer
« l'assurance de notre sympathie la plus sincère.

Suivent les signatures.

« Paris, 7 juillet 1856. » (*insérée le 13 suivant*).

Figaro, par l'organe de M. *Jules Viard*
—alors son *collaborateur*, aujourd'hui son
ennemi intime — répondit en fin matou
noir qui cache ses ongles perfides sous la
patte d'un velours douteux :

« *Figaro* ne connaît pas la pièce en question ; il ne l'a
« pas lue ; — les citations contenues dans la lettre adres-

« sée au Ministre par l'auteur ne suffisent pas pour nous
« édifier sur le mérite dramàtique et littéraire de son ou-
« vrage; — cette lettre renferme, il est vrai, des vers bien
« frappés; mais cela ne prouve rien pour l'ensemble. *Figaro*
« se borne donc, jusqu'à nouvel ordre, à enregistrer la lettre
« que quelques-uns de ses lecteurs, étudiants du quartier
« latin, lui apportent, sous la responsabilité de leur signa-
« ture collective.

« Si M. Pagès, l'auteur de la *Nouvelle Phèdre*, a con-
« fiance en nous, qu'il veuille bien nous communiquer
« son manuscrit ; — *Figaro* dira franchement son opinion
« et délivrera publiquement à l'auteur un certificat quel-
« conque, d'après l'impression qu'aura produite la lecture
« de l'œuvre en question sur la rédaction.

« *Jules Viard.* »

La pièce envoyée, Pagès (du Tarn) at-
tend le jugement de *Figaro* dans le recueil-
lement, le jeûne et la *solitude*! (*Approuvez
Pagès*); son fidèle Arbate lui apporte *seul*
le laitage durci de chaque jour.

VII.

LA RÉPONSE. — Pan-pan...

PAGÈS. — Entrez. — Qui êtes-vous?
O femme téméraire !

LA RÉPONSE. — Je suis l'arrêt de
Figaro.

PAGÈS.

> Que le ciel soit béni !
> Puisqu'il daigne en ces lieux
> M'envoyer un..... avis.

(*Prenant la voix de Balthazar.*)
Parle... achève...

LA RÉPONSE. — « M. Pagès, répon-
« dant immédiatement à l'invitation de

« *Figaro*, a bien voulu nous confier son
« manuscrit ; — nous avons lu sa *nouvelle*
« *Phèdre*, et voici l'opinion de la rédaction
« du *Figaro* :

« Si la Comédie-Française a refusé de
« de lire sa tragédie, — seulement à cause
« de son titre, — la Comédie-Française a
« eu tort ; — mais si elle l'a refusée, après
« l'avoir lue, la Comédie-Française a eu
« raison ; — néanmoins, elle a privé les
« amis de la gaieté française d'une de ces
« soirées homériques et fameuses, pendant
« lesquelles le public se joue, quelques
« heures, avec l'œuvre d'un auteur, comme
« un chat avec une souris.

« M. Pagès, né de notre temps, nous
« fait tout simplement l'effet d'une *curio-*
« *sité* littéraire, — énorme, — à classer
« dans les cabinets d'antiquités, à côté des

« Viennet, — série des *Arbogastes* — salle
« des *Templiers*, — armoire des *lys d'É-*
« *vreux.* »

Bravo, *merlan*, bravo. Mais pourquoi
plus loin ce dénigrement, cette injustice
de parti pris? «Style d'un rococo inouï,
« — intrigue nulle, — effets dramatiques
« usés,— pas d'invention; la Phèdre de Ra-
« cine retournée ; — l'action se passant
« dans une famille bourgeoise de la Nou-
« velle-Orléans, et ladite famille bour-
« geoise parlant encore plus en princes ou
« princesses drolatiques, que les princes les
« plus déplorables de Racine; — que l'on
« nous ramène à Tragaldabas. »

» Jules VIARD. »

« P. S. M. Pagès est invité à faire reprendre au plus
« vite, l'ours qui rugit dans nos bureaux ; — nous avons
« peur qu'il ne s'échappe et n'exerce ses *ravages* dans la
« rue Vivienne ! »

Pyrrhus en recevant sa tuile, et Socrate son vase — de nuit, — ne durent pas être plus pétrifiés que le biau fils du Tarn.

Disons-le toutefois : le tribunal de *Figaro* me 'semble plus austère que l'austère Aréopage ; — il aurait pu et *dû* ne pas ridiculiser un auteur franc et loyal qui, — selon moi, — n'a eu d'autre tort que de *se confier* à sa loyauté, — *absente* par congé ou pour cause de maladie. Le Perruquier-Vivienne ruolze bien sa vaisselle... plate, mais je la prends pour ce qu'elle vaut. — Je résume : Figaro, pitre de la plume, ferrailleur habile, madré, méchant, avide de scandale, mais surtout mercenaire : — ayant commencé le premier la lutte, il s'est aussi montré indélicat, déloyal, envers M. Pagès. Croyant souvent piquer de sa lancette vipérine, il ne fait que donner un simple coup de piston (lisez : seringue.)

J'ai dit.

VIII.

La lutte s'envenime au contact seul de Figaro, et tombe décidément dans le tragique.

Bien mieux eût fait M. Pagès (du Tarn), de rentrer dans sa tente comme Achille ! j'admire cependant sa foi nerveuse en lui-même. Mais pourquoi se farder l'avenir ?

Qu'avait-il besoin de chausser le cothurne, d'emboucher la trompette ? — le tout pour répondre à ce barbier du diable, qui affilait de plus en plus son rasoir ? — Pourquoi dans un accès de fièvre jaune s'abandonner à cette monomanie de l'exclamation — de la prosopopée? — Pourquoi cette fameuse lettre « monumentale, » si *ubère* en éclats de rire?

A Monsieur le rédacteur en chef du Figaro.

« Monsieur »

« Dans votre numéro du 24 de ce mois, vous avez pu-« blié un article qui me concerne ; je vous prie et vous *re-* « *quiers,* au besoin, d'insérer cette courte réponse, sans « retard, et dans votre plus prochain numéro, et sans en « retrancher un seul mot.

« Dans votre feuille du 13, vous avez dit : Que M. Pagès « veuille bien nous communiquer son manuscrit, s'il a « *confiance* en nous. » Ce mot *confiance* était comme un « appel à ma délicatesse et à mon honneur. C'était m'as-« surer que je trouverais, au moins, chez vous, sinon la « *vérité,* au moins un certain degré de politesse. Vous « m'avez trompé. Vous m'avez tendu un guet-apens. Vous « voilà jugé ! »

Jusqu'ici tout va bien. Le style en est paisible : je dirai même que Mons Figaro est tancé vertement, — et c'est justice.

Quel redoublement, ô Pagès (du Tarn) de cette maligne fièvre jaune. Las ! pourquoi ces funestes lignes, ô Pagès !

« Quant à la nouvelle Phèdre, à la ma-
« nière dont vous l'attaquez et dont vous
« ne craignez pas de la travestir, ce serait
« la souiller que de la défendre ! »

Monumental ! pyramidal !! obéliscal !!!
—(la Phèdre dans un élan d'amour).Omon...
Pagès ! tous les biens de la terre......

—Pagès (du Tarn) (*allegro*) :

« MALHEUR A MON PAYS !! (l'écho
« des siècles futurs : *Malheur à mon pays !!*)
« si votre article et les articles qui lui res-
« semblent (*le tonnerre s'habille*) trou-
« vaient du crédit et des approbateurs ! »

Boumm, bin, ban, ratapan, pin pan, pouf!!!. « Ma réponse est finie. » (Aussitôt le tonnerre quitte sa culotte; — on éteint le gaz — et l'écho répète : pin, pan, pouf; — une octave plus bas — pouf!!)

— Notre perruquier qui vient de chauffer son fer dans les tisons de la rengaine, s'apprête à le peigner de la belle façon. — Cependant il se ravise, arrête les frais de savon, et va chercher dans son sous-sol, tout au fond, son atroce scie, cet ingénieux appareil S. G. D. G.

« (Extrait du 27 juillet 1856).» *Figaro* eût été heureux,
« enchanté, ravi, d'avoir à soutenir, à protéger, à faire
« connaître un homme nouveau ; — c'est dans cette espé-
« rance seule qu'il avait offert sa publicité à M. Pagès ;—
« il croyait avoir découvert un génie inconnu ou méconnu;
« — il n'a rencontré que M. Pagès (du Tarn), c'est-à-
« dire un être capable de s'écrier grotesquement, dans sa
« monomanie tragique :— *Malheur à mon pays*, etc., etc.,

« parce qu'on a trouvé sa tragédie inepte dans le fond, plate
« dans la forme, et qu'on a eu la loyauté implacable de le
« déclarer, — poliment, — mais sans réticences !

« — Ah ! si la *confiance* de quelqu'un a été trompée en
« tout ceci, c'est la nôtre ! — Quelle déception, mon
« Dieu !...

« Avoir espéré, un moment, rencontrer un écrivain sé-
« rieux, et être tombé sur une seconde édition de CABA-
« SOL !!!

« Ah ! malheureuse France ! — Malheureux *Figaro* ! »

Bravo, bravi, brava ! perruquier !!! —
Figaro-ci, Figaro-là.....

IX

Notre poète (prononcez pouette — *Académie*) terrassé se relève, donne la main à
sa **Phèdre** éplorée, et court de ce pas pré-
parer une troisième cursive plus mesurée,
mais non moins monumentalement écrite·

Oyez plutôt, — en admirez la modestie :

« Quand vous apercevez (*sur les rochers*
« *du Rhône*) un beau vers, vous dites :
« c'est risible ; quand vous voyez une pen-
« sée heureuse, énergique et qui part du
« cœur, vous criez à la monomanie. »

Le perruquier de plus en plus dans son rôle, lui répond :

« —Mais n'admirez-vous pas la modestie « avec laquelle M. Pagès parle de lui-mê- « me ? Beaux vers, pensée heureuse, éner- gique, etc. !

« Ah ! cher M. Pagès, — modeste gé- « nie, — si Figaro avait trouvé de beaux « vers et surtout des pensées dans votre « galimatias simple, double et triple, il eut « été beaucoup plus heureux que ne le sont « les choses que vous appelez, avec tant de « fatuité, vos pensées, — lisez vos riens !»

Sans calembourg, sans doute. Bravo, merlan, bravo. Et maintenant renferme ta scie sous un triple verrou, et laisse-moi parler. — Et vous, ô Pagès (du Tarn), ar- rectis auribus.

On peut dire hardiment que le biau fils

du Tarn est souverainement ridicule, et qu'il n'a pas su se défendre de Figaro. — Règle générale : Figaro vous scie, sciez-le plus fort.

L'infatigable mais fatigant Pagès (du Tarn) enfante une troisième lettre de plus en plus monumentale. —

Figaro se gausse de lui, fait la grimace, ne dérange pas sa vieille scie, et lui répond qu'il arrête les frais de publicité.

Tout en blâmant fortement la conduite indélicate de Figaro dès le principe, je ne plains pas le tragédien du Tarn. — Certes je ne suis pas *pagsiclaste*, mais il m'est bien permis de dire que Pagès est d'une injustice, d'une outrecuidance, d'un dénigrement inouï envers les poètes contemporains.

Le soir même de la seconde lecture de

sa pièce, j'étais là comme tant d'autres dans une anxieuse attente... Tout à coup une voix *tarnésiennement* accentuée expectore un tas de jugements abruptes et dérisoires sur le poè'e des Contemplations.

C'éto' la voix de Pagès, de Pagès (du Tarn) !

X

Au mois d'août dernier, une sourde rumeur court dans le quartier latin : partout on annonce la lecture de la Nouvelle Phèdre popularisée par Figaro. — J'eus le bonheur, comme tant d'autres, de voir pour la première fois M. **Pagès** (du Tarn hâtant le moment si cher à son cœur.

On apporte deux flambeaux dans le jardin du café ; — on dispose les tables en demi-cercle : — au milieu celle du lecteur.

Au huitième coup du beffroi de la Sorbonne, — c'était l'heure suprême ! — ap-

paraît M. Pagès (du Tarn) sa fille à la main,
— chacun se lève ; — sur son visage onc-
que émotion ;

> . . . . Ses amis dévoués
> Imitent son silence autour de lui rangés.

— Le calme s'établit dans l'assemblée
— et chacun sur sa chaise.

Pagès seul reste debout ; — d'un geste
approbateur, il encourage le jeune inter-
prète de ses alexandrins, qui du reste dé-
clamait avec la conscience de l'artiste.

L'effet produit par la lecture fut tout le
contraire de celui qu'on attendait. Chacun
d'applaudir les vers suivants :

Je n'espère plus rien qu'un désespoir horrible ;
Que m'importe la vie et même le trépas ?
Quand je voudrais mourir le crime ne meurt pas.
Que mes yeux soient de pleurs une source éternelle,

 PAGÈS (DU TARN).

Mais des pleurs c'est trop doux pour une criminelle ;
Et pourquoi mon tourment serait-il soulagé ?
Je veux voir tout l'abîme, où mon cœur est plongé
Et selon le forfait s'il faut qu'on se punisse
Je me contemplerai, ce sera mon supplice !
Je ne le fuirai pas, et je le veux sentir
Jusqu'à ce que ces murs tombent pour m'engloutir !!

— A vous la parole, M. Charles Monselet :

« J'ai l'honneur de connaître M. Pagès de-
« puis plusieurs années ; nous avons mangé
« une oie ensemble dans le carnaval de
« 1850. — Je suis également de ceux qui
« ont eu la bonne fortune d'assister à la lec-
« ture de la Nouvelle Phèdre, le seul évé-
« nement tragique de l'époque. La grande
« hardiesse de M. Pagès consiste dans le
« désir qu'il a de déposséder de l'alexan-
« drin les rois et les princes, seuls proprié-
« taires acquéreurs jusqu'à ce jour, pour

« en doter les classes intermédiaires et l'in-
« troduire chez les bourgeois aisés. Ainsi,
« la Nouvelle Phèdre se passe dans notre
« temps à la Nouvelle-Orléans. — Thésée
« est un négociant du nom de Justin ; il a
« un ami qui s'appelle Alvarès. On voit
« que Diderot est dépassé et que le drame
« bourgeois tend à prendre des proportions
« inouies ; ce n'est pas assez du père de fa-
« mille, de Mélanie..... Au lieu de la Phè-
« dre en paniers et en tonnelet, nous au-
« rons la Phèdre en manches plates et bot-
« tines claquées. »

Charles MONSELET.

(Gazette de Paris, par le petit bout d'une lorgnette).

— M. Amédée Rolland ?

— Présent.

— Soyez bref.

— N'ayez cure ; — je commence :

« Mais M. Pagès est né trop tard ; sans
« cela la Nouvelle Phèdre eut été représen-
« tée ; venu treize ans plus tard M. Pagès
« (du Tarn) serait aujourd'hui un immortel.
« Et il ne déparerait pas la collection de
« Patin qui siége à l'Institut en vérité. Pau-
« vre Pagès !

« Amédée ROLLAND. »

(Diogène du 4 janvier **1857**. Biographie
de Ponsard)

— C'est moi.

— Qui toi ?

— Le Charivari.

— Que désires-tu ?

— Parler de la Nouvelle...

— Nenni, mon fieu, c'est à M. Pradier de parler :

(Un, deux, trois...)

« Et ze veux que mon nom éclate dans le Tarn,
« Comme un soleil qui tourne (*allegro*), et finit en pétard !

— Permettez-moi, ô Pradier, de vous serrer la main — gauche ; — et vous, ô Pagès (du Tarn), répétez avec Boileau :

« Pradier comme un soleil à nos jours a paru !

— Qui me tire donc ?

l— Cm,oe'ijs e Charivari.

— Encore, — que me veux-tu ?

— Parler de la Nouvelle...

— N'achève pas, gredin...

— A côté de quelques rimes un peu ba-

varoise au lait et même — petit lait, —
il y a de *belles idées assez neuves* et des
vers énergiquement frappés.

« Tel est mon sentiment. »

(Odéon. — Madame de Montarcy ; — critique, par Henri Lefort.)

XI.

La première lecture ayant fait du bruit, on annonce une seconde. — La foule compacte consomme son gloria sur la paume de la main. Il y a dans l'air une odeur vague de conspiration...

M. Pagès (du Tarn) — toujours sa fille à la main, — se démenait comme un énergumène au milieu de ce tumulte. — La foule s'amoncelant comme les nuages condensés par les fougueux Aquilons (pardonne moi, ô Pagès) ! la lecture devient impossible.

Montons à l'estaminet, — non, — ici,— non, — au jardin, — non, — si, — non, silence !!

Pagès (du Tarn) pâle comme feue Jésabel, est sur les dents.

Enfin, suivi de son lecteur, il saisit la rampe de l'escalier, et du geste d'Henri IV montrant son panache, il indique le chemin de... l'Estaminet. — La foule hurlante (*turba ruit* ou *ruunt*) se précipite sur ses pas.

M. Pagès, sa fille et... (*le meunier, son fils et...*) le lecteur s'installent derrière le billard, à droite; — à gauche le public impatient.

Le biau barde du Tarn de sa placide dextre apaise le tumulte. — La lecture commence. — Pagès (du Tarn) se préparait déjà à baisser modestement les yeux, lorsqu'une cohorte ennemie fait irruption dans la salle et l'entoure en grondant (tableau !).

Silence ! — à la porte, — à la porte, — silence, — à la porte, — silence !

La lecture recommence.

Mais alors en désordre, à nos yeux se présente un homme pâle, qui, levant son feutre perturbateur, apostrophe Pagès (du Tarn). — rompant enfin le silence, et d'un accent de roi — de tragédie ; — qui êtes-vous Môssieu ?

— Je suis Viard.

— Est-ce votre place, — ici?

— Oui, — non, — non, — oui, — oui, — non, — oui, — non; — à bas les Figaristes! — vive Pagès! — vive le Tarn! à bas!!..... boucan, tempête, ouragan, éclairs, tonnerre!... — à bas Pagès! — vive Pagès! — la pièce! on demande la pièce! — silence! la pièce! — on lira, — on ne lira pas; — on lira, s'écrie un auditeur qui arrache la fille de Pagès (du Tarn) des mains du lecteur.

Au voleur! on a enlevé Herminie!! (*Pagès (du Tarn) s'efforce de s'évanouir*). — Au voleur! — chacun de tâter ses poches et d'appréhender pour sa montre.

Cinq minutes après, le café Hue était désert. Pagès (du Tarn) « solitaire » caresse sa fille alarmée qu'un sien ami vient de retirer de son sein, le paletot doublement croisé par-dessus.

O Phèdre! qu'il me soit enfin permis de verser un pleur sur tes infortunes!....

XII.

Nous touchons aux détails les plus piquants de la vie de notre biographie. (Saluez, Pagès).

Comment mange Pagès (du Tarn) ?

. . . .

Comme tout le monde. — Il consomme force bifteacks et autres viandes viandes, qu'il fait cuire lui-même sur son gril, — comme jadis les compagnons d'Enée sur la plage déserte.

Chez lui qu'

Un beau désordre est un effet de l'art !

Ça et là moultes croûtes de pain gisent sur les meubles.

Certes Pagès (du Tarn) eut pû goûter les douceurs *jonquille* de l'hymen et « avoir beaucoup d'enfants; » — mais la destinée aux yeux de faïence le réservait pour les rigueurs du célibat *framboisi*-phobe !

Pagès (du Tarn) a-t-il « nonobstant » sacrifié à la femme ? Pagès a-t-il aimé ?

Chut ! entr'ouvrons discrètement les rideaux amoureux du poète...

Il enlace en vainqueur l'Hypathie de ses rêves callipygéens : il flatte de ses deux mains deux globes d'albâtre arrondis par les Muses, et hume l'haleine embrasée d'une bouche qui ne s'ouvre que pour l'amour.

— Un regard calme comme Vénus Uranie; — l'œil se fiançant aux étoiles comme celui de Minerve; — le port de Junon; — la démarche de Diane la chasseresse : — cette femme, ouinte de tous les cinnamomes de la Tragédie, elle est bien à toi, ô Roméo (du Tarn) !

Cette femme, quelle est-elle ?

C'est l'épouse, c'est l'amante, c'est la *payse* de Pagès (du Tarn), c'est ?

C'est HERMINIE !!

.   .   .   .

.   .   .   .

Herminie ou la Nouvelle Phèdre : — (à voix basse) tragédie en cinq actes et quinze cents vers.

— Tout ce que je puis te dire, ô lecteur, outre ces détails de caleçon, — c'est que Pagès ne verse pas de larmes d'eau bénite à l'instar du bonhomme Veuillot ; — qu'il ne se couche pas de bonne heure — comme les classiques ; — qu'il compose ses plus beaux vers dans les bocages de Fontenay-aux-Roses ; — qu'il ne joue pas la carotte au billard ;— qu'il prononce Hugott,—Moquèttt, le photographe de ses élucubrations; — qu'il ne se plaint jamais : — tu vois donc bien, ô lecteur de mon choix, que M. Pagès est un bon homme au fond, mais un peu *tragédien* à la surface. La preuve : c'est qu'il va me serrer la main. N'est-ce pas?

— Je le veux bien, mais à une condition :

— Laquelle ?

— C'est que tu vas me venger des plattes *tartines* de la Voix des Ecoles.

— Qu'à cela ne tienne.

XIII

(Voix des Ecoles du 11 avril courant).

« Partit en guerre
« Pour tuer les ennemis; (*bis*).

Ce *bis* fait très-bien. — Allons, enfants; on vous pardonne pour cette fois-ci ; — mais de grâce n'imitez plus la coupe — de Figaro, soyez un tantet sages.

—Pourquoi se moquer du style «simple» (sic) ? — c'est le seul que vous puissiez comprendre — et encore... Bonsoir.

Ah ! tant que j'y pense, — desormais ne parlez pluz d'épitaphes... Gilbert vient de m'envoyer — sous bande, — une nouvelle édition de ses élégies ; j'y lis ces deux vers isolés :

Et sur la tombe où lentement j'arrive,
Nul ne viendra verser des pleurs !

Pour remettre à la voix des Ecoles, le plus tôt possible.

(La voix des Ecoles, hi, hi, hi ! je ne le ferai plus, hi, hi, hi).

Adonque, voix des écoles, ma mie, chante bien à ton aise pour danser plus tard ; — laisse donc ce pauvre Pagès tranquille. « Il ne veut rien te faire admirer » pas même tes longues *correspondances* d'outre-mer.

Comment trouves-tu ce vers de la Phèdre?
« Je me contemplerai ce sera mon supplice ! »
Avis au bureau Childebert, Ier du nom,
« *Vox clamans in deserto.* »

— Vous êtes allègres, vous le croyez du moins ; — Eh ! bien M. Pagès (du Tarn) aura plutôt sa tragédie représentée — en hiver, que vous — vous n'aurez rétabli l'esprit de corps dans les Écoles.

Assez de souscription. — Arrêtez les frais de gaz.

MM. Bonard Petit, Antoine Simon, Victor Chaudron, Camille Gaugiran, étudiants comme vous (ce que vous sous-entendez — et dont vous n'avez pas inséré les lettres.)

Ne les insultez pas,
Car un seul vous vaut bien.

Bonsoir, MM. Pantalon. — Bonne nuit !
Au revoir ?

XIV.

EPILOGUE.

Je ne suis pas Jésuite, — je ne suis pas athée. — J'ai dit la vérité, n'imitant pas ainsi les Veuillots qui ne la touchent point sous prétexte qu'elle est NUE. — Que M. Pagès me pardonne quelques scies un peu farouches ; — je le répète encore :

M. Pagès est un parfait honnête homme, mais beaucoup trop rigide pour ses maîtres.

Quant à la Phèdre, — elle renferme de belles idées, assez neuves, — et énergiquement frappées.

ANTONY DE MENOU.